AF391349

CATALOGUE

DE

LIVRES A GRAVURES

ANCIENS ET MODERNES

SUITES DE VIGNETTES

COLLECTION DE CATALOGUES ILLUSTRÉS

Des grandes Ventes de Tableaux

DONT LA VENTE AURA LIEU

HOTEL DES COMMISSAIRES-PRISEURS

RUE DROUOT, 9, SALLE N° 4

Le Jeudi 11 Janvier 1883

A DEUX HEURES

Par le ministère de M° **MAURICE DELESTRE**, Commissaire-Priseur
rue Drouot, 27,
Assisté de **M. JULES MARTIN**, Libraire, rue Séguier, 18.

PARIS

JULES MARTIN, LIBRAIRE

Rue Séguier, 18

—

1883

CONDITIONS DE LA VENTE

Les Acquéreurs paieront CINQ POUR CENT en sus des adjudications.

Les Livres sont vendus complets et en bon état; ils devront être collationnés sur place; une fois sortis de la Salle de vente, ils ne seront repris pour aucune cause.

M. MARTIN, chargé de la vente, remplira les Commissions des personnes qui ne pourraient y assister.

Exposition publique, le jour de la vente, de une heure à deux heures.

CATALOGUE

DE

LIVRES A FIGURES

ANCIENS ET MODERNES

1. Le Ciel, notions d'astronomie physique, par Guillemin. *Paris, Hachette,* 1877 ; gr. in-8, dem.-rel. chag., rou. *Planches noires et en couleurs.*

2. Histoire et Culture des orangers, par A. Risso et A. Poiteau. *Paris, Plon,* 1872 ; in-fol. cart. *Fig. dans le texte et* 110 *planches coloriées.*

3. Nouveau Dictionnaire d'histoire et de géographie, par d'Ault-Dumesnil et Dubeux. *Paris, Lecoffre,* 1866 ; gr. in-8, dem.-rel. ch. n.

4. Dictionnaire encyclopédique d'histoire, de biographie et de géographie, par Grégoire. *Paris, Garnier,* 1874 ; gr. in-8, dem.-rel. ch. rou.

5. Dictionnaire général des lettres, des beaux-arts et des sciences morales, par Bachelet et Dezobry. *Paris, Delagrave,* 1872 ; 2 vol. gr. in-8, dem.-rel. ch. vert.

6. Dictionnaire général des sciences théoriques et appliquées par Privat-Deschanel et Focillon. *Paris, Delagrave,* 1870 ; 2 vol. gr. in-8, dem.-rel. ch. rou. *Fig.*

7. Atlas de la France, par A. Joanne. *Paris, Hachette,* 1872 ; gr. in-4, cart. 95 *cartes coloriées.*

8. Atlas de l'histoire du Consulat et de l'Empire, par Thiers. *Paris, Paulin,* 1859 ; in-fol. cart. 66 *cartes.*

9. Dictionnaire des antiquités grecques et romaines, par Daremberg et Saglio. *Paris, Hachette*, 1873-79; 6 fasc. in-4, br. *Fig.*

---

10. Catalogues de ventes de tableaux de 1794 à 1845. 74 broch. in-8.

11. Collection des catalogues de ventes de tableaux le plus importantes faites à Paris de 1852 à 1882. 300 broch. in-8, la plupart avec les prix de vente.

12. Galerie de MM. Pereire, Catalogue des tableaux anciens et modernes des diverses écoles. *Paris, 1872*: gr. in-8, br. *Planches à l'eau-forte. Prix de vente.*

13. Catalogue de tableaux de premier ordre anciens et modernes composant la galerie de M. le marquis de La Rocheb... (La Rochebrune). *Paris, 1873*; in-4, br., papier de Hollande. *Planches à l'eau-forte. Prix de vente.*

14. Catalogue de tableaux des principaux maîtres des écoles anciennes composant la collection de feu M. R. Papin. *Paris, 1873*; in-4, br., papier de Hollande. *Planches à l'eau-forte. Prix de vente*

15. Catalogue de tableaux modernes composant la collection de M. Faure. *Paris, 1873*; gr. in-8, br. *Planches à l'eau-forte. Prix de vente.*

16. Catalogue des tableaux composant la collection Laurent-Richard. *Paris, 1873*; gr. in-8, br. *Planches à l'eau-forte. Prix.*

17. Catalogue de tableaux anciens et modernes composant la collection Laurent-Richard. *Paris, 1878*; gr. in-8, br. *Nombreuses planches à l'eau-forte.*

18. Collection H..., Tableaux modernes. *Paris, 1875*; gr. in-8, cart. 71 *planches à l'eau-forte. Prix de vente.*

19. Atelier de Fortuny, Catalogue de tableaux, objets d'art et de curiosité. *Paris, 1875*: in-8, br. *Planches. Prix d'adjudication.*

20. Catalogues de tableaux, par Daliphard, Feyen-Perrin, Hanoteau, Karl Daubigny, Lemaire, etc. *Paris, Féral, 1875-1879*; 5 vol. in-8, br. *Eaux-fortes et prix de vente.*

21. Catalogue des tableaux anciens, dessins et aquarelles composant la collection de feu M. Schneider. *Paris*, 1876; gr. in-8, pap. de Hollande. *Planches à l'eau-forte. Prix de vente et noms des acquéreurs.*

22. Catalogue de trois tableaux par Rubens de la collection de M. Sch. *Paris*, 1876; in-8, br. et 5 *eaux-fortes par Lalauze et Waltner.*

23. Collection des tableaux modernes de feu M. Van Walchren van Wadenoyen. *Paris*, 1876; gr. in-8, pap. de Hollande, br. *Eaux-fortes. Prix de vente et noms des acquéreurs.*

24. Catalogue des tableaux modernes composant la collection de feu M. Jacobson. *Paris*, 1876; gr. in-8, pap de Hollande, br. *Eaux-fortes. Prix et noms.*

25. Catalogue de tableaux et dessins formant la collection de M. C. Marcille. *Paris*, 1876; gr. in-8, pap. de Holl.. br. *Eaux-fortes. Prix et noms.*

26. Catalogue de tableaux de premier ordre des écoles hollandaise et flamande de la collection de Lissingen. *Paris*, 1876; gr. in-8, pap. de Holl.. br. *Eaux-fortes. Prix de vente.*

27. Catalogue de 34 tableaux modernes de la collection de M. Suermondt. *Paris*, 1877; gr. in-8, br., pap. de Hollande. *Planches à l'eau-forte. Prix de vente et noms des acquéreurs.*

28. Tableaux de premier ordre des écoles italienne, flamande, hollandaise, allemande, espagnole, anglaise et française: vente en avril 1877, M. Haro, expert. In-4, br.. pap. de Hollande. *Planches à l'eau-forte. Prix de vente et noms des acquéreurs.*

29. Catalogue de la vente après décès de M. Diaz. *Paris*, 1877; gr. in-8, br., pap. de Hollande. *Prix de vente et noms des acquéreurs.*

30. Catalogue des tableaux, dessins, objets d'art formant la collection de M. A. Sensier. 1877; gr. in-8, pap. de Hollande, br. *Prix et noms des acquéreurs.*

31. Catalogue des tableaux modernes de la collection Sedelmeyer, joints à ceux des galeries de San-Donato et de San-Martino. *Paris*, 1877; gr. in-8. pap. de Holl.. br. *Eaux-fortes. Prix.*

32. Galerie Oppenheim, Catalogue des tableaux de l'école moderne, tableaux anciens, objets d'art. *Paris*, 1877; gr. in-8, br. *Planches à l'eau-forte. Prix de vente.*

33. Catalogue de tableaux modernes formant une partie de la collection de M. le baron J. de H**. 1877; gr. in-8, br. *Eaux-fortes et prix de vente.*

34. Antiquités grecques, terres cuites de Tanagra, de la collection de M. Albert B**. *Paris*, 1878; in-4, br. *Fig. dans le texte.*

35. Catalogue de l'orfèvrerie ancienne appartenant à M. le baron J. P. (Pichon). *Paris*, 1878; in-8 et *album de planches photographiées. Prix de vente et noms d'acquéreurs.*

36. Catalogue de tableaux modernes de la collection de M. Faure. *Paris*, 1878; gr. in-8, br. *Eaux-fortes. Prix de vente.*

37. Catalogue des tableaux modernes composant la collection de M. E***, 4 mars 1878. Gr. in-8, pap. de Holl., br. *Eaux-fortes.*

38. Catalogue de tableaux modernes composant la collection de M. G. Arosa. *Paris*, 1878; gr. in-8, cart. 56 *planches. Prix de vente.*

39. Catalogue des tableaux, esquisses, dessins, par feu Paul Huet. *Paris*, 1878; gr. in-8, br. *Eaux-fortes.*

40. Catalogue de tableaux de premier ordre formant la collection de M. Fréd. Reiset. *Paris*, 1879; in-4, br., pap. de Holl. *Planches.*

41. Catalogue de tableaux anciens de l'Ecole hollandaise formant la collection de MM. K. 3 mars 1879; gr. in-8, *Eaux-fortes. Prix de vente et noms des acquéreurs.*

42. Catalogue des tableaux formant la collection de feu M. Laperlier. *Paris*, 1879; gr. in-8, br. *Eaux-fortes.*

43. Catalogue de tableaux modernes et anciens formant la collection de M. A. Saucède. 1879; gr. in-8, br. *Eaux-fortes. Prix.*

44. Catalogue de dessins anciens et modernes formant la collection de feu M. Mahérault. *Paris*, 1880; gr. in-8, br. *Eaux-fortes.*

45. Catalogue des sculptures en ivoire, tableaux anciens, etc., composant la collection de feu M. Barry. *Paris*, 1880; gr. in-8, br. *Photographies.*

46. Collections de San Donato. Objets d'art, Porcelaines, Meubles, Orfèvrerie. *Paris*, 1870; gr. in-8, br. *Planches photographiées. Prix de vente.*

47. Palais de San Donato. Catalogue des objets d'art et d'ameublement, Tableaux. 1880; gr. in-4, cart. n.-rog. *Eaux-fortes, par Jacquemart, Gaucherel, Milius, etc. Figures sur bois dans le texte.*
Papier de Hollande, avec la liste des prix et des acquéreurs.

48. Catalogue des tableaux modernes composant la collection de M. de Beurnonville. *Paris*, 1880; gr. in-8. br. *Eaux-fortes.*

49. Catalogue des tableaux anciens composant la collection de M. le baron de Beurnonville. *Paris*, 1881; in-4, br. *Planches à l'eau-forte.*

50. Catalogue des tableaux anciens de toutes les écoles composant la collection de M. le baron de Beurnonville. *Paris*, 1881; in-4, br. *Planches à l'eau-forte. Prix de vente et noms des acquéreurs.*

51. Catalogue de 33 tableaux et études par G. Courbet. *Paris*, 1881. gr. in-8, br. *12 planches sur bois et photographiées. Prix de vente et noms des acquéreurs.*

52. Catalogue des tableaux anciens de la collection de M. Tencé, de Lille. *Paris*, 1881; in-4, br. *Planche à l'eau-forte.*

53. Catalogue des objets d'art, tableaux anciens, livres, composant la collection Double. *Paris*, 1881; in-4, br. Papier de Hollande. *Gravures sur bois et à l'eau-forte.*
Prix de vente et noms des acquéreurs.

54. Catalogue des sculptures du château de Montal. *Paris* 1881; in-4, br. *Planches. Prix de vente.*

55. Collection de tableaux de M. John W. Wilson exposée dans la Galerie du cercle Artistique de Bruxelles. *Paris, Claye*, 1873; gr. in-4, mar. br., tête dorée, non rog, papier de Hollande. *55 planches à l'eau-forte.*

56. Catalogue de tableaux de premier ordre anciens et modernes composant la galerie de M. John W. Wilson. *Paris*, 1881; in-4, br. *61 planches à l'eau-forte. Prix de vente.*

57. Collection Wilson. Prix d'adjudication de la vente
des tableaux faite en 1881, avec 62 planches à l'eau-
forte. Gr. in-8. br.

58. Catalogue de tableaux modernes composant la collection de M. Fr. Hartmann. *Paris*, 1881 : in-4, br. *Planches à l'eau-forte.*

59. Catalogue de tableaux anciens de la collection de feu
M. Mailand. *Paris*, 1881 : in-8, br. *Eaux-fortes. Prix de
vente.*

60. Catalogue de tableaux anciens et modernes formant
la collection de feu M. Nieuwenhuys. *Paris*, 1881 ; in-8.
br. *Eaux-fortes. Prix de vente.*

61. Catalogue de tableaux anciens et modernes formant
la collection de feu M. Nieuwenhuys. 1881 ; gr. in-8. br.
Eaux-fortes et prix de vente.

62. Catalogue des tableaux modernes formant la collection d'un amateur. 24 février 1881 ; *Paris, Durand-
Ruel*, gr. in-8, br. *Eaux-fortes.*

63. Catalogue de tableaux anciens de la collection de
M. Roxard de La Salle. 1881 : gr. in-8. br. *Eaux-fortes
et prix de vente.*

64. Catalogue des tableaux modernes de la collection de
M. S**. *Paris, G. Petit.* 1881 : gr. in-8, br. *Eaux-fortes et
prix de vente.*

65. Catalogue de tableaux anciens de premier ordre,
objets d'art, composant la collection de feu M. A. Febvre
Paris, 1882 : in-4, br. *Planches à l'eau-forte. Prix de
vente et noms.*

66. Catalogue des objets d'art et de haute curiosité composant la collection de M. B. Fillon. *Paris*. 1882 ; gr. in-8,
Figures dans le texte. Prix et noms des acquéreurs.

67. Catalogue des porcelaines de la Chine et du Japon
composant la collection de M. Du Sartel. *Paris*, 1882,
gr. in-8, br. *Figures dans le texte et planches en couleur. Prix de vente.*

68. Catalogue de beaux dessins anciens et modernes
dépendant de la collection de M. J.-G. 1882 ; gr. in-8,
br. *Planches.*

69. Catalogue de la quatrième expo ition de la Société
des Aquarellistes français. *Paris,* 1882: gr. in-8, papier
de Hollande, br. *Nombreuses figures.*

70. Catalogues illustrés de ventes de tableaux. 3 vol. in-8,
br. *Prix.*
> Collection Hermann, 1879. — Tableaux par A. de Knyff, 1876. —
> Collection de Mme Bl'*, 1876.

71. Catalogues illustrés de ventes de Tableaux. 3 vol.
in-8, br. *Prix.*
> Collection Lepel-Cointet, 1881. — Tableaux de maitres anciens,
> 1882. — Collection Scharf. 1876.

72. Catalogues illustrés de ventes de Tableaux. 4 vol.
in-8, br. *Prix.*
> Collection Scharf, 1876. — Tableaux par Lazerges, 1876. — Vente
> Hermann, 1879. — Vente de Mme J.-B., 1878.

73. Catalogues illustrés. 3 vol. in-8, br. *Prix.*
> Collection Uboldo : Objets d'art, 1869. — Collection Castellani :
> Faïences italiennes, 1878. — Vente Jules Jacquemart, 1881.

74. Catalogues illustrés de ventes de Tableaux. 6 vol.
in-8, br. *Prix.*
> Collection L. M. de O.. 1875. — Vente du comte d'Imécourt, 1877.
> — Collection Lenglart, 1879. — Succession de M. le comte de V., 1881.
> — Tableaux par Lazerges. 1876. — Collection Scharf, 1876.

75. Galerie Durand-Ruel. Recueil d'Estampes gravées à
l'eau-forte, préface par A. Silvestre. *Paris,* 1873:
30 livraisons gr. in-8, papier de Hollande. 300 *planches.*

76. La Galerie électorale de Dusseldorff, ou Catalogue
raisonné et figuré de ses tableaux, dans lequel on donne
une connoissance exacte de cette fameuse Collection,
par une suite de 30 planches contenant 365 petites
estampes gravées par Chrétien de Méchel. *Basle.* 1778:
2 vol. in-fol. obl.. v. marb.

---

77. La Sainte Bible, traduite sur le latin de la Vulgate,
par Lemaistre de Sacy et par le P. Lallemant. *Paris,*
Curmer, 1860; 5 vol. in-4. dem.-rel. mar. br.. coins.
tête dorée, n. rog. *Belles gravures.*

78. Le Nouveau Testament en latin et en français, traduit
par Sacy. Edition ornée de figures gravées sur les dessins de Moreau le jeune. *Paris, Didot jeune,* 1793;
4 vol. gr. in-8, mar. rou., fil., dos orné, tr. dor.. doublé
de tabis (*Bozérian*).
> Bel exemplaire en papier vélin. Belles épreuves des figures de
> Moreau.

79. Le Nouveau Testament (Actes des Apôtres), traduit par Sacy. *Paris, Didot*, 1798; gr. in-8, bas. rac. *Figures de Moreau.*

80. Les Chefs-d'œuvre de l'Art chrétien, par Armengaud. *Paris, Lahure,* 1858; in-4, cart., tr. dor. *Figures.*

81. Rome dans sa grandeur, Vues, Monuments anciens et modernes; Description, Histoire, par de Champagny, Lafond, Rossi, etc., Dessins par Benoist. *Nantes, Charpentier,* 1866; 3 vol. in-fol. en 50 livraisons. *Planches lithographiées.*

82. Les Chefs-d'œuvre d'art à l'Exposition universelle. *Paris, Baschet,* 1878; in-fol. en 40 livraisons. *Planches et Vignettes par Laurens, Leloir, Jacquet, Gérôme, Detaille, Fortuny, Jacquemart, etc.*

Papier de Hollande.

83. Le même ouvrage, papier ordinaire. 40 livraisons in-fol.

84. Les Merveilles de l'Art et de l'Industrie, par J. Mesnard. *Paris, Lahure, s. d.;* in-4, cart. *Figures.*

85. Les Galeries publiques de l'Europe. Rome par Armengaud. *Paris,* 1857; gr. in-4, dem.-rel. chag. rou., plats toile, tr. dor. *Figures.*

86. Ritratti di celebri personnaggi d'Italia. 12 *planches* dessinées par Pietro Ermini, gravées par Francesco Vendramini. *Florence,* in-fol., cart.

87. Inventions décoratives, choix de compositions de motifs d'ornementation, par L. Solon. *Paris, Morel,* 1866; in-fol. dans un carton. 50 *planches.*

88. Histoire des Peintres de toutes les Écoles, par Ch. Blanc. *Paris, Renouard, s. d.;* 3 vol. gr. in-4, en livraisons. *Figures.*

École française.

89. Histoire de la Peinture hollandaise, par H. Havard. *Paris, Quantin,* 1882; in-8, dem.-rel. mar. br., tête dorée, n. rog. *Figures.*

90. Hans Holbein, par Paul Mantz, Dessins et Gravures sous la direction de Ed. Lièvre. *Paris, Quantin,* 1879; in-fol. en feuilles, dans un carton.

Un des 26 exemplaires sur papier de chine, avec trois épreuves différentes des gravures sur papier du Japon, de Hollande et Whatman. Magnifique publication.

91. Recueil d'Estampes représentant les différents événements de la guerre qui a procuré l'Indépendance aux États-Unis de l'Amérique, 1784; in-4 obl., dem.-rel. mar. rou., coins, tête dorée. 16 *gravures par Ponce et Godefroy*.

92. Monument du costume physique et moral de la fin du XVIIIe siècle, ou tableaux de la vie (par Restif de La Bretonne), ornés de figures dessinées et gravées par Moreau le jeune. *Neuwied*, 1789; in-fol. dérelié. 26 *planches* (*Taché d'humidité*).

93. Description du Manége moderne dans sa perfection, par le baron d'Eisenberg. *Londres*, 1727; in-fol. obl., v. marb. 59 *planches par B. Picart*.

94. Costumes militaires. École de cavalerie de Saumur, Exercices, Carrousels. *Saumur, s. d.;* gr. in-fol., dem.-rel., chag. rou. 14 *planches en couleur*.

95. Nouveau Traité historique et archéologique de la science des armoiries, par le marquis de Magny. *Paris, s. d.;* gr. in-4, mar. n., tr. dor. *Planches d'armoiries en couleur*.

96. Des Cérémonies du sacre, ou Recherches historiques et critiques sur les mœurs, coutumes et institutions des Français dans l'ancienne monarchie, par Leber. *Paris*, 1825; in-8, dem.-rel. v. *Nombr. planches*.

97. **L'Art**. Revue hebdomadaire illustrée. *Paris, librairie de l'Art,* 1875 à novembre 1882; 23 vol. in-fol., dem.-rel. perc. bleue, coins, n. rog., et les deux dernières années en livraisons. *Nombr. gravures*.

Collection complète.

98. La Comédie-Française, 1680-1880, par A. Houssaye. *Paris, Baschet,* 1880; in-fol. en 33 livraisons. *Portraits et illustrations*.

Exemplaire sur papier de Hollande.

99. J.-B. Provost, sociétaire de la Comédie-Française. *Paris, Claye,* 1867; in-fol. cart., n. rog. *Planches sur chine*.

100. Les Femmes de Shakspeare, 45 portraits gravés sur acier par les plus célèbres artistes de Londres, accompagnés de notices critiques et littéraires. *Paris, Pick,* 1860; 2 vol. gr. in-8, brochés, avec couvertures.

101. Les Jolies femmes de Paris, par Ch. Diguet. *Paris,
Lacroix*, 1870; in-4, br. 20 *eaux-fortes par Martial*.
  Exemplaire sur grand papier de Hollande.

102. Estampes. Vues diverses. 49 *planches* gravées et
lithographiées en 1 vol. in-fol . dem.-rel. v. fau.
  Église de Gonesse, Cathédrale d'Amiens, Vues de Rouen, Chambord,
  Aqueducs de Buc et de Maintenon, Vues de Castellamare. Arpium.
  Tivoli, Albano, Frascati, etc., etc.

103. Album lithographique par H. Vernet. Scènes militaires, Chasses, 1818. 54 planches en 1 vol. in-4 obl..
dem.-rel. ch. vert.

104. Album Boetzel. Le Salon de 1870, in-4 obl. cart.
Figures sur bois.
  Papier de chine.

105. Album de gravures, par Van Ostade, Rembrandt.
37 pièces en 1 vol. in-fol., dem.-rel.

106. L'Eau-forte en 1874, 1875, 1876, 1877 et 1878. *Paris,
Cadart*, 5 portef. in-fol. 150 *planches sur Hollande*.

107. Vingt Eaux-fortes par G. Greux, d'après Delacroix,
Diaz, Corot, Dupré, Regnault, etc. *Paris, Librairie de
l'Art*, 1876: in-fol. en portef.
  Épreuves sur papier du Japon, avant la lettre.

108. Douze Eaux-fortes par Charles Waltner, d'après Van
Dyck, Rubens, Fortuny, Regnault, etc. *Paris, Librairie
de l'Art*, 1876; in-fol. en portef.
  Épreuves avant la lettre sur papier du Japon.

109. Caudebec-en-Caux. Une vieille ville normande.
12 dessins d'après nature gravés à l'eau-forte, par
Carbonnier. Texte par de Maulde. *Paris, Cadart*, 1879.
en un portef. In-fol.

110. Paris pittoresque, dessiné d'après nature et gravé
à l'eau-forte par A. Delaunney. *Paris*, 1870: in-fol. en
feuilles, 26 *planches*.

111. Les Amours de Daphnis et Chloé, par Longus (texte
grec). *Paris, Didot*, 1802; in-4, d.-rel.. v., n. rog.
Papier vélin.
  Huit figures de Gérard et Prud'hon, avant la lettre.

112. Quinze Figures pour les Amours de Daphnis et
Chloé, gravées d'après Gérard et Prud'hon, par Roger,
Godefroy, Simonet, Queverdo. In-8 et in-4. *Épreuves
à l'eau-forte et avant la lettre.*

113. Illustrations pour les œuvres de Molière, par F. Boucher. *Paris, Delarue.* In-4, en feuilles. *Portrait et 32 figures, épreuves en noir.*

113 *bis*. La même suite de figures. Epreuves à la sanguine.

114. OEuvres de Molière. 36 gravures sur cuivre, par Moreau Le Jeune, réimprimées sur les planches originales. *Paris,* Willem. In-8, en feuilles, papier de Hollande, gravures sur Chine.

115. La même suite de gravures. Epreuves sur Chine volant, en noir et en bistre.

116. Suite de 55 estampes pour le Théâtre de Racine. d'après les dessins de Prud'hon, Gérard, Girodet, etc. *Paris, Didot l'aîné,* 1813; in-fol., d.-rel. ch. rou., non rog. Belles ép.

117. Fables de la Fontaine. Suite de 72 figures, d'après Oudry, gravées à l'eau-forte, par Monziès, Greux. Mongin, Courtry, etc., in-18.
>Épreuves sur chine avant la lettre.

118. Contes de la Fontaine. Suite de 41 figures, gravées à l'eau-forte, d'après Fragonard, Lancret, Eisen, par Monziès, Greux, Courtry, etc., in-18.
>Épreuves sur papier de chine avant la lettre.

119. Contes de Voltaire. Suite de 22 figures, gravées à l'eau-forte, d'après Monnet, par Monziès, in-18.
>Épreuves à la sanguine, sur chine, avant la lettre.

120. Manon Lescaut. Suite de 9 figures, gravées à l'eau-forte, par Monziès, in-18.
>Épreuves sur chine avant la lettre.

121. Paul et Virginie. Suite de 7 figures, gravées à l'eau-forte, par Hédouin. In-18.
>Papier du Japon, avant la lettre.

122. Chansons populaires de la France, Edition Delloye. 4 figures sur Chine, de Meissonier, gravées par Nargeot pour *Manon la Couturière,* et 2 figures de Trimolet pour *Tontaine tonton.* Gr. in-8.
>Rares épreuves d'artistes, tirées sans texte et avant divers travaux de gravure.

123. OEuvres de Rabelais, édition variorum publiée, par Esmangart et Johanneau. *Paris, Dalibon,* 1823; 9 vol. in-8, d.-rel. chag. rou., non rog. *Figures de Devéria, sur Chine.*

124. Théâtre de **P.** Corneille, publié et précédé d'une préface, par Fournel. *Paris, Jouaust,* 1878; 5 vol. in-8, br. *Portrait.*

Exemplaire sur grand papier de Hollande.

125. Les aventures de Télémaque, fils d'Ulysse, gravées d'après les dessins de C. Monnet, peintre du Roy, par J.-B. Tilliard. *Paris, chez l'auteur,* 1773; gr. in-4, d.-rel., mar.

Suite de 97 gravures en belles épreuves.

126. La Henriade, par M. de Voltaire, *à Londres,* 1728; in-4, v. *Frontispice, dix figures et dix vignettes, dessinées par de Troy, Vleughels, gravées par Tardieu, Cochin, Dupuis.*

Papier de Hollande.

127. La Henriade, poème de Voltaire, ornée de dessins lithographiques. *Paris, Dubois,* 1825; in-fol. d.-rel., mar. vert, non rog. *Figures sur Chine.*

128. OEuvres complètes de J.-J. Rousseau avec des éclaircissements et des notes historiques par Auguis. *Paris, Dalibon,* 1825; 27 vol. gr, in-8, d.-rel., mar. vert, coins, non rog.

Bel exemplaire en grand papier vélin, avec la suite des figures de Devéria, sur papier de chine, avant la lettre (De la Bibliothèque de M. Berryer).

129. OEuvres complètes de J.-J. Rousseau, citoyen de Genève. Edition ornée de superbes figures, d'après les tableaux et dessins de Cochin, Regnault, Vincent et Monsiau. *Paris, Defer de Maisonneuve, de l'Impr. de Didot le jeune,* 1793; 18 vol. gr. in-4. d.-rel. mar. r., non rog. *35 figures*

Exemplaire en grand papier vélin de cette magnifique édition.

130. Les Confessions par J.-J. Rousseau, préface par Marc-Monnier. *Paris, Jouaust,* 1881; 4 vol. in-12, d.-r., mar. rou., coins, tête dorée, non rog. *Eaux-fortes, par Hédouin.*

131. Fables choisies tirées des métamorphoses d'Ovide, gravures de Bernard Picart et d'après Lebrun, texte par R. Ménard. *Paris, Lévy,* 1878; 2 vol. gr. in-4, en feuilles. *Planches.*

132. **La Pucelle d'Orléans,** poème par Voltaire. *Paris, de l'imprim. de Didot Le Jeune,* 1795; 2 tomes en 1 vol. gr. in-4, d.-rel., v. fau.

> Exemplaire en grand papier vélin, avec les figures de Le Barbier, Monsiau et Marillier, avant la lettre.

133. Mort d'Abel, poème de Gessner, traduit par Hubert. *Paris, Defer de Maisonneuve,* 1793; in-4, cart., non rog. *6 figures en couleur par Monsiau.*

> Bel exemplaire.

134. Galatée, roman pastoral imité de Cervantès, par M. de Florian. *Paris, Defer de Maisonneuve,* 1793; in-4, cart., non rog.

> Quatre figures en couleurs, par Monsiau.

135. **Les Liaisons dangereuses,** par Choderlos de Laclos. *Londres,* 1796; 2 vol. in-8, d.-rel. mar. vert. coins, tête dorée, n. rog. 15 *figures par Monnet et M*ᵐᵉ *Gérard.*

136. L'Homme des champs ou les Géorgiques françoises, par Jacques Delille. *Strasbourg, Levrault,* 1802; gr. in-4, mar. vert, fil. dent., tr. dor.

> Exemplaire en grand papier vélin. Belles épreuves des figures de Guérin.

137. Les Mille et une Nuits, contes arabes, par Galland, réimprimés sur l'édition originale avec préface, par J. Janin. *Paris, Jouaust,* 1881; 10 vol. in-12, pap. vergé, d.-rel. mar. rou., coins, tête dorée, n. rog. *Eaux-fortes par Lalauze.*

> Bel exemplaire.

138. Le Caricaturiste, revue drolatique. *Paris,* 1849-1850; nᵒˢ 1 à 57, en 1 vol. in-4, d.-rel. *Fig.*

139. Chansons de G. Nadaud. *Paris, Jouaust,* 1879; 3 vol. in-12, d.-rel. mar. vert, dos orné, coins, tête dorée, n. rog. *Eaux-fortes par Morin.*

140. Sonnets des vieux maistres françois, 1520-1670. *Paris, Plon,* 1882; in-12, d.-rel. mar. ol., coins, tête dorée, n. rog. *Eaux-fortes sur papier du Japon.*

141. La Légende du Juif-Errant, poème avec prologue et épilogue par Dupont, préface par Paul Lacroix. *Paris,* 1862; in-fol. cart. *Figures par G. Doré.*

142. Les Contes de ma mère recueillis et illustrés par Bertall. *Paris, Plon,* 1877; gr. in-8, br. *Fig.*

143. Walter Scott illustré. Quentin Durward, trad. nou-
velle. *Paris, Didot*, 1881 ; gr. in-8, br. *Fig.*
>   Grand papier vergé.

144. Walter Scott illustré. L'Antiquaire, trad. par
Scheffter. *Paris, Didot*, 1882 ; gr. in-8, br. *Fig.*
>   Grand papier vergé.

145. Walter Scott illustré. Rob.-Roy, trad. par Louisy.
Paris, Didot, 1881 ; gr. in-8, br. *Fig.*
>   Grand papier vergé.

146. Voyage pittoresque de la Grèce, par le comte de
Choiseul-Gouffier. *Paris*, 1782 : 3 vol. in-fol., cart.. n.
rog. *Portrait et figures, planches et cartes.*

147. L'Espagne, lettres famillières, par Guimet. *Paris*,
1864 ; in-fol., dem.-rel. chag. viol., plats toile. *Planches
lithogr.*

148. Monuments modernes de la Perse, mesurés, des-
sinés et décrits par Pascal Coste. *Paris, Morel*, 1867 :
in-fol., dem.-rel. chag. rou., tête dorée, non rogn.
71 *planches.*

149. La Cassette de saint Louis, par Ganneron. *Paris,
Claye*, 1855 ; in-fol., br. *Planches en couleur.*

150. Jeanne d'Arc, par H. Wallon. *Paris, Firmin-Didot*,
1876 ; in-4, br. *Nombr. gravures noires et en couleur.*
>   Grand papier vergé (n° 276).

151. Urbain Grandier et les possédées de Loudun, par
par Ch. Barbier. *Paris, Buschet*, 1880 ; gr. in-8, pap.
de Holl., br. *Fig. et fac-simile.*

152. La Jeunesse de Mme d'Epinay, par Perey et Maugras.
Paris, Lévy, 1882 ; in-8, d.-rel. mar. bl. *Portr.*

153. Galerie historique de la Révolution française, 1789-
1793. Album de 50 portraits. *Paris, s. d.*; in-4, cart..
tr. dor.

Ve Renou, Maulde et Cock, impr de la Compagnie des Commissaires-Priseurs,
rue do Rivoli 144.   34320